君の学校、笑いで変えな

教育漫才のススメ

③ 教育漫才をタメセ！ ～実践編～

［監修］田畑栄一
埼玉県公立小学校 元校長

田畑先生からみなさんへ

みなさんの学校や学級には笑顔や笑い声がありますか。

笑顔や笑い声が、学校の空気をやわらかく温かくします。笑いって伝染するのです。すると、居心地の良い学校・学級に変わっていきます。そんな笑いが生まれる教育漫才を学級でやってみて、その変化を実感してほしいというのがわたしの願いです。友だちがみんな笑顔になったら最高にうれしくありませんか。

この第３巻では、みなさんが「教育漫才大会」をおこなうときの手順やポイントをていねいに説明してあります。安心して、友だちや先生と相談しながらチャレンジしてみてください。

わたしが、「全校教育漫才大会」を実施したときに感じたことを書いてみます。子どもたちのネタ発表で会場の観客が大笑いします。子どもたちも大声で笑います。おなかを抱えて笑い転げる子もいます。まさに抱腹絶倒とはこのことです。保護者のみなさんや地域の方も、いっしょに笑い、笑顔でその子どもたちを見守ります。そこには、かつて経験したことのなかった温かい空気が流れていました。そのとき、「いじめや友だちとのトラブルがなくなっていくなあ」と感じたのです。

直感の通り、「死ね・ウザイ・消えろなどマイナス言葉を使わないこと」「たたいたり、けったりなど暴力をしないこと」というふたつの約束ごとを守って教育漫才を続けていると、学校内のいじめやトラブルがへっていきました。子どもたちが優しく変わっていったのです。

その子どもたちからこんな声が聞こえてきました。「みんなが前より仲良くなった」「この小学校がいつまでも笑顔でいられる感じがする」「世界一温かい学校になった」「心がぽかぽかになった」「ぽかぽか学校になった」「いじめが無くなり温かい笑顔の学校になった」。これらは全て教育漫才を体験した子どもたちの言葉です。教育漫才は、温かい笑顔あふれる世界一の学校をつくってくれます。

さあ、君も笑顔あふれる学校・学級作りに挑戦です。

埼玉県公立小学校 元校長
田畑栄一

もくじ

第1回
教育漫才大会
場所 4年1組の教室
時間 6月23日(金)
9:00〜

教育漫才大会
ご招待状
日時
場所

この本の使い方

この「教育漫才のススメ」シリーズは、教育漫才についての基本を紹介する１巻、ネタをもっとおもしろくする技を紹介する２巻、教育漫才の発表方法や教育漫才大会を開いた学校の様子を紹介する３巻の全３冊で構成されているよ。シリーズを通して、教育漫才の基本から応用までを学ぶことができるんだ！

田畑栄一先生

３巻では、教育漫才の発表会を開く方法を説明しているよ。この本を読んで、ネタ発表にチャレンジしよう。

チャレンジ

実際に「ボケ」や「ツッコミ」を考えて、「ネタ」を作る問題にチャレンジしよう。回答例も参考にして自分なりの答えを考えよう。

発表で気をつけること①

プレゼンテーション力

いよいよ本番！　その前に、舞台でネタを発表するときの大切なポイントを紹介するよ。

立ち方
基本的には、体はお客さんの方向に向けて、しっかり立とう。だらしない立ち方だと、声も出しにくいよ。

マイクの位置
マイクを使うときは、ネタを始める前にちょうどよい高さにセットしよう。身長が低い方のあごくらいの高さがおすすめだよ。

テンポや間の取り方
舞台の上では緊張して、早口になってしまうことが多いよ。練習してきた通り、落ち着いて話すことを心がけよう。

立ち位置
舞台の真ん中、印をつけたところに立とう。相方とはなれすぎないように気をつけてね。

目線
お客さんの方へ目線を向けよう。また、たまに相方とアイコンタクト（目で合図を送りあうこと）をしながら発表できると、より息の合った発表ができるよ。

声の大きさ
会場の広さに合った声の大きさを意識しよう。どのくらいの大きさで話せばお客さんが聞きやすいのか、事前に確かめておくと安心だよ。

ポイント
事前に、本番の会場で練習しておくと少し安心できるはず。そのときは、タブレットなどで自分たちのネタを撮影して、お客さんからはどんなふうに見えるのか確認しておくといいよ（1巻29ページも参考にしてみてね）。

気をつけよう
マイクを使う場合でも、大きな声ではっきり話すのが基本だよ。マイクはあくまでも補助だと考えておこう。

16

できたらすごい！　もっと発表を盛り上げるためのテクニック

お客さんの反応を見ながら、発表しよう！
発表中にお客さんから大きな笑いが起きたとき、その笑い声と自分のセリフがかぶって聞こえづらくなると、もったいないね。そんなときは少し間をとってから次のセリフを言うなど、タイミングにも気をつけてみよう。

お客さんをまきこもう！
ネタの最初、つかみの部分でお客さんに声をかけるなどしてネタにまきこんでみよう。会場に一体感が生まれて、より盛り上がるよ（2巻24ページなども参考にしてね）。

そちらの方、スマートフォンは持っていますか？

チャレンジ　司会に協力してもらおう！

ネタ発表前のルール説明をネタ風にすると、一気に場が盛り上がって、温かい雰囲気のままネタ発表へとつなげやすいよ。

下の例は、実際に教育漫才の発表会でおこなわれた、ネタ風の注意事項を参考にしているよ。

全員：はい、どうも、わたしたち４人で「注意」です。
A　：今日は、みなさんが教育漫才をどうやって見たらいいかわからないということで、特別に教えちゃいたいと思います。ちょっと手伝って。
C・D：は～い！（体育座りで漫才師役に体を向ける）
B　：ひと組目のコンビは『注意』です。どうぞ。（Aといっしょに入場するふり）
A・B：はいどうも～『注意』です。（ネタを発表するふり）ありがとうございます。
C・D：（はくしゅなし）
A　：やっぱり、はくしゅがないのは最高ですね。
B　：なんでやねん！　はくしゅがないと盛り上がらないですからね～、もう１回。
A・B：はいどうも～『注意』です。ありがとうございます。
C・D：（いつまでもはくしゅしている）
A　：やっぱり、はくしゅが長いといいですよね。
B　：なんでやねん！　はくしゅが長いとネタに集中できませんし、ほかのお客さんも集中できないよ。もう１回。
A・B：はいどうも～『注意』です。ありがとうございます。
C・D：（しゃべり続ける）
A　：今日もにぎやかで、すばらしいですね～！
B　：いや、うるさいよ！　ネタが聞こえないし、ほかの人にもめいわくだよね。もう１回。

このあともネタ風に注意事項を伝える。

17

ポイント

教育漫才の発表をより良くするための、ヒントを紹介しているよ。

気をつけよう

教育漫才をやる上で気をつけることや約束ごと、アドバイスなどを紹介しているよ。

クラスで発表会を開くとき

まずは、クラスで発表会を開くときの、計画の立て方を紹介するよ。
クラスの友だちや担任の先生と相談しながら進めよう。

まずやること

時間と場所を決める

学校のどこで、どの時間を使って発表会を開くか、まずは先生と相談しよう。ひと組5分など、ネタ発表時間の目安を決めておいて、発表会全体に必要な時間を考えてね。場所は教室でもいいし、そのほかの部屋を使えば、いつもとちがう雰囲気になって盛り上がるかもしれないよ。

役割分担を決め、用意するものを確認をしよう

発表会をスムーズに進行するために、役割分担（→11ページ）を決めておこう。また、必要な道具の確認（→14ページ）をして用意しよう。

●会場の作り方の例（教室でやる場合）

もしこのあと学校全体での教育漫才大会も開く場合は、クラス発表の場を予選大会にするといいよ。全コンビ・トリオの発表が終わったときに、投票などで各クラスの代表を決めよう。そのとき、えらんだ理由もわかるようにしよう。

9

ゲットできる力

教育漫才に取り組むことで、
いろいろな力が養われるんだ。
どんな力がゲットできるのか
をアイコンで示しているよ。

ひらめき力

ものごとを思いついて、
新しいものを作りだす力。

場を作る力

ものごとがおこなわれるのに
適した場を作ることのできる力。

協力し合う力

目標を達成するために、
他者と力を合わせることのできる力。

コミュニケーション力

相手の気持ちをくみとり、
スムーズにやりとりできる力。

プレゼンテーション力

情報を的確に伝えることの
できる力。

運営する力

ものごとが進むように、
行動していくことのできる力。

意見を伝える力

相手へ自分の意見を
上手に伝える力。

意見を聞く力

相手の意見を聞いて
理解する力。

観察力

ものごとをよく見て、ちがいや変化に
気づくことのできる力。

言葉を使いこなす力

さまざまな言葉を知り、その言葉を使って
わかりやすく説明したり、言葉を言い換え
たりして表現することのできる力。

論理的思考力

ものごとを筋道立てて
考える力。

巻末には、主に先生方へ向けたメッセージと、教育漫才の指導のアドバイスページも設けています。授業で教育漫才を活用する上で役立てることができます。

教育漫才でこんな力がつく！

「教育漫才」とは、小学校の校長先生だった田畑栄一先生のアイデアで始めた取り組み。1・2巻で学んだ教育漫才の基本やテクニックを使って、3巻ではもっともっとレベルアップしていこう！

発表が上手になる！

教育漫才の発表では、声の大きさや、話し方、立ち方など、気をつけることがたくさんあるんだ。だから、本番に向けて練習していく中で、授業でも活用できる上手な発表の仕方を学ぶことができるよ。

授業での発言が増えるようになる！

練習や発表会でやったことが自信につながると、ふだんの授業でも「意見を言ってみようかな」という気持ちになりやすいんだ。また、教育漫才でクラスや学校全体の雰囲気が温かくなると、「失敗しても大丈夫」と思えて、自分の意見を伝えやすくなるよ！

ものごとを進める力がつく！

行事をするときには、いきなり本番！ というわけではなく、いろいろな計画と準備が必要だよね。それは、教育漫才もいっしょだよ。どうやったら成功させられるか、しっかり考えて計画していく中で、ものごとをうまく進めていく力がついていくよ。

友だちと協力できるようになる！

教育漫才の発表会を開くためには、いろいろな役割が必要なんだ。だから、自分にできることはなにかを考えたり、友だちを助けたりする気持ちが生まれて、これまで以上にまわりの人と協力できるようになるよ。

自分に自信がつく！

チーム結成から発表まで、教育漫才に楽しく取り組む中で、自然といろいろな力がついてきたはず。また、自分のネタでまわりの人が笑ってくれると、どんどん自信がわいてくるようになるよ。

これお約束！

教育漫才を成功させるためには、絶対守ってほしいルールがふたつあるよ。

❶悪口などのマイナスな言葉は使わない

「死ね」「ウザい」「むかつく」などの相手の傷つく言葉を使うのは絶対にダメだよ！

❷けったりなぐったりする表現はしない

相手にいたい思いや、けがをさせるようなあぶない体の動きは絶対にダメだよ！

3巻では、発表会の方法や成功のヒントを紹介していくよ。先生や友だちと協力しながらチャレンジしてみよう。

教育漫才の発表会を開こう

1・2巻では、教育漫才の基本やネタをおもしろくするテクニックについて学んできたね。これまで学んできたことを活用して、いよいよお客さんの前で教育漫才の発表をしてみよう！

発表までの主な流れ

1. 教育漫才のルールの確認
↓
2. コンビ・トリオの結成
↓
3. コンビ名・トリオ名、役割決定
↓
4. ネタ作り
↓
5. ネタの練習
↓
6. 発表会の準備・計画
   - 時間と場所を決める
   - 役割分担決め
   - 道具などを準備する
   - 当日の流れを決めておく
↓
7. 発表会
↓
8. 発表会のふり返り

❶〜❺までは1巻でくわしく説明しているよ。復習して取り組もう！

よりおもしろいネタ作りのヒントは2巻で説明しているよ。発表までにネタを発展させるのに活用してね。

発表会を、ひとりの力でおこなうのはむずかしい。成功させるためには、先生や友だちとの協力が大切だよ。

勝手に決めないようにしよう！

進めるときには、自分勝手に決めてはいけないよ。必ず「こうしたいと思うけど、どうかな？」など、ほかの人の意見を聞きながら決めるようにしよう。

失敗しても助け合おう！

進めていく中で、こまったことが起きたり、失敗したりすることもあるはず。そんなときは、ひとりでなんとかしようとするのではなく、まわりの人に相談して助けてもらおう。

クラスで発表会を開くとき

まずは、クラスで発表会を開くときの、計画の立て方を紹介するよ。
クラスの友だちや担任の先生と相談しながら進めよう。

まずやること

時間と場所を決める

学校のどこで、どの時間を使って発表会を開くか、まずは先生と相談しよう。ひと組5分など、ネタ発表時間の目安を決めておいて、発表会全体に必要な時間を考えてね。場所は教室でもいいし、そのほかの部屋を使えば、いつもとちがう雰囲気になって盛り上がるかもしれないよ。

役割分担を決め、用意するものを確認をしよう

発表会をスムーズに進行するために、役割分担（→11ページ）を決めておこう。また、必要な道具の確認（→14ページ）をして用意しよう。

●会場の作り方の例（教室でやる場合）

もしこのあと学校全体での教育漫才大会も開く場合は、クラス発表の場を予選大会にするといいよ。全コンビ・トリオの発表が終わったときに、投票などで各クラスの代表を決めよう。そのとき、えらんだ理由もわかるようにしよう。

学校全体で発表会を開くとき

教育漫才の発表会は学校全体で開くこともできるよ。ほかのクラスや学年の人とも交流でき、学校全体が温かい笑いに包まれる素敵な発表会になるはず。ぜひチャレンジしてみよう！

まずやること

時間と場所を決める

学校全体で開くときには、ほかの学年やクラスの人と協力する必要があるよ。先生たちとも相談して、使える時間と場所を決めよう。

役割分担を決め、用意するものを確認しよう

発表会のための役割分担をするときは、上の学年がリードしたり、下の学年といっしょに役割を担ったり、協力し合える方法を考えるようにしよう。また、クラスで開くときとは必要な道具なども変わってくるから気をつけよう。

●会場の作り方の例（体育館を使う場合）

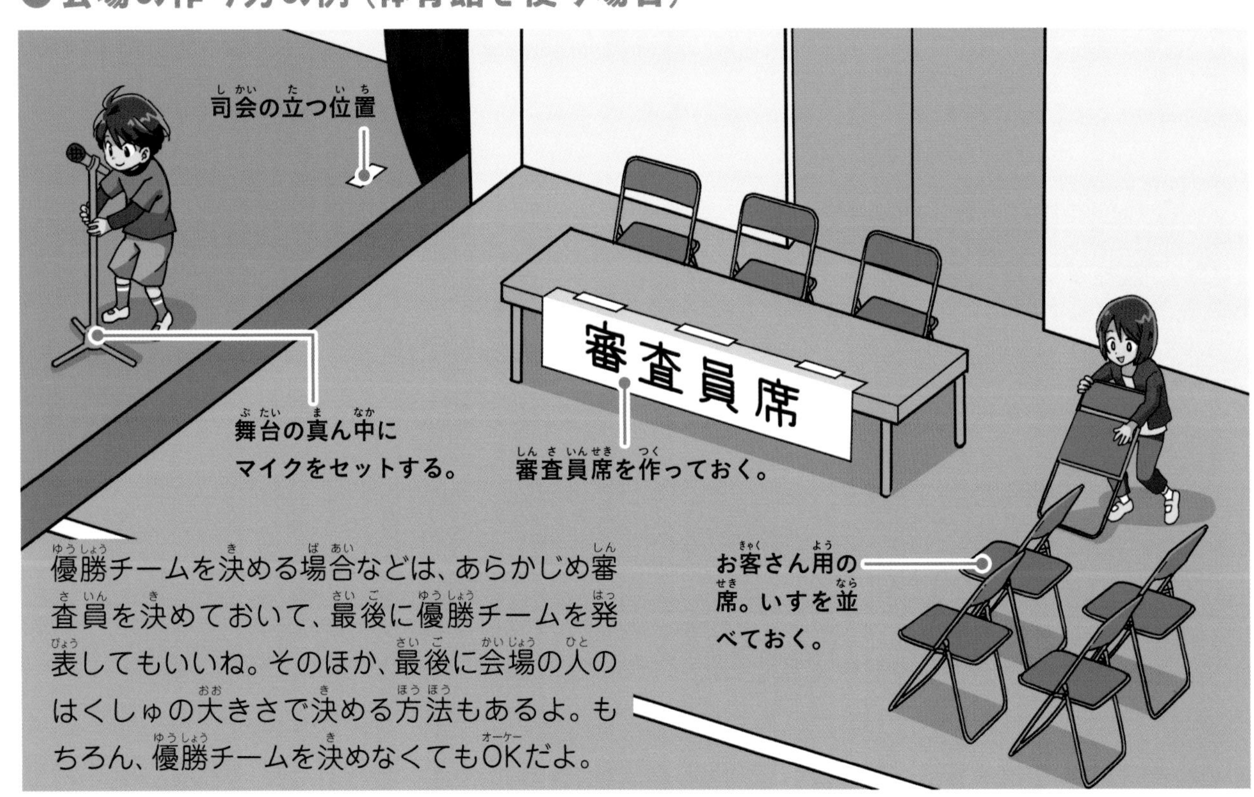

役割分担を決めよう

発表会を成功させるには、進行を支えるさまざまな役割が必要だよ。発表者以外も協力して進められるように、必要な仕事を考えて、役割分担しておこう。

めくり（ひとり～ふたり）
発表者の名前が書かれた紙を、出演順に合わせてめくる役割。

発表者
ネタを発表する役割。

司会者（ひとり～ふたり）
全体の進行をする役割（→12ページ）。

音響（2～3人）
マイクや出囃子（→14ページ）を準備する役割。

観客
発表者を温かく見守り、楽しい雰囲気を作る役割。

タイムキーパー（ひとり～ふたり）
時間内に発表会が終えられるように、時間を計って司会に伝える役割。

照明（2～3人）
会場の照明を暗くしたり明るくしたり調整する役割。

カメラマン（ひとり～ふたり）
写真や動画を撮って、みんなの発表を記録する役割。

教育漫才で活やくするのは発表者だけじゃないよ。発表者ではない人や、発表が苦手な人は、自分ができそうな役割を見つけてみよう（19ページも見てね）。

一人ひとりがそれぞれの役割をみとめ、力を合わせることで、大きな温かい笑いに包まれる発表会になっていくよ。

司会者になってみよう

プレゼンテーション力
運営する力

発表会をスムーズに進行するには、司会者が場の流れを作っていくのが大切だよ。先生に司会者役をまかせても良いけれど、せっかくなので自分たちでチャレンジしてみよう！

台本を用意する

プログラムや発表者の順番を確認して、全体の流れや話すことを書いた台本を用意しておこう。

●台本に書いておくことの例

教育漫才大会　司会者用 台本

時間	発言者	進行
9：00	司会者	これから４年３組の教育漫才大会を始めます。まずは、田中先生にはじめのあいさつをお願いします。
9：05	田中先生	**はじめのあいさつ**
9：10	司会者	ありがとうございました。
…	…	…

目安の時間　話す人　全体の流れと話す内容

発表会を進行する

台本を確認しながら、発表の順番通りにコンビやトリオを紹介するなど、発表会を進行していく。発表後、ひとことコメントを言ったり、感想を聞いたりして場を盛り上げてもいいね。テレビなどで漫才番組の司会者を見て参考にしてみよう。

ポイント

感想を聞く時間が長くなって、時間内に終えられないということが起きないように、タイムキーパー（→11ページ）と協力して、時間配分を考えながら進行しよう。

こんなときどうするの？

自分も発表があるときは……

発表会で、司会者役の自分もネタ発表があるときは、ほかにも何人か司会者役を決めておいて、交代しながら数人で司会をしてもOK。また、自分のネタ発表前で緊張して司会ができるか不安なときは、最初は先生が司会者をして流れを作り、自分の発表が終わってから交代するなどしてもいいね。

当日の司会進行の例

はじめのあいさつ

発表会を始めるあいさつ。校長先生などの先生にお願いしてもいいし、自分たちでやってもいいね。

ルールの確認やお客さんへのお願い

発表会をスムーズに進行するため、会場でのルールやお願いを伝えておこう（→17ページも参考にしてね）。

伝えることの例

- はくしゅで盛り上げてほしい。
- 携帯電話などの電源は切っておく。
- 発表をしっかり聞いてほしい。

それぞれの発表

順番にネタを発表していく。
発表が終わったら、発表者に感想を聞く時間を設けても良い（→20ページも参考にしてね）。

ネタ発表順の決め方

- くじ引きや話し合いで決めてもいいし、先生と相談して決めてもいいね。
- とくにトップバッターは緊張しやすいので、挑戦できそうなコンビやトリオに相談してみるのもおすすめ。
- 反対に、緊張しやすい人がいるコンビやトリオの順番はあとにするなど、みんなでうまく進められる順番になるように考えるのもおすすめだよ。

感想の発表

すべてのコンビやトリオの発表が終わったら、お客さんに全体の感想を聞こう。招待したお客さんに聞いてもいいね。ここで、優勝チームなどを決めても良い（→10ページも参考にしてね）。

終わりのあいさつ

発表会をしめるあいさつ。

コンビ「チーズラブ」が
いちばん良かったと思う人は
はくしゅしてください

必要な道具を用意しよう

場を作る力

教室の場合や体育館の場合など、状況によっても必要なものは変わってくるよ。先生にも相談しながらしっかり準備しよう！

用意するものの例

発表の順番を書いた紙

教室でやるときは、黒板に書いてもよい。

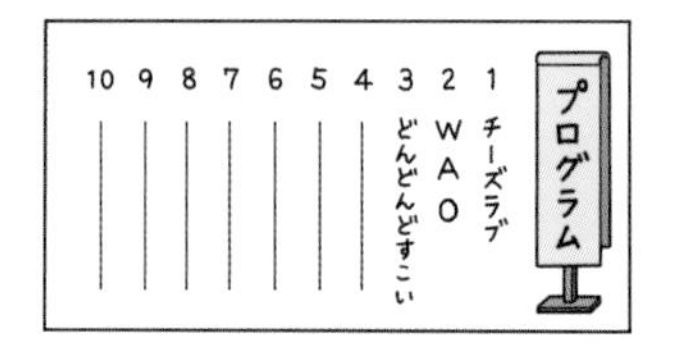

マイク（発表者用と司会者用）

教室でやるときはなくてもOK。電源を入れずに置いておくだけでも、盛り上がるよ。

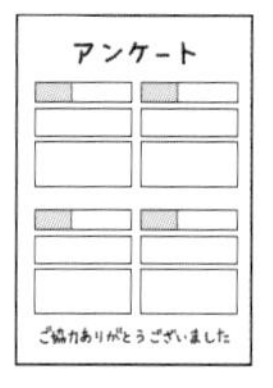

感想用紙

その場で感想を聞くときは、用意しなくてもOK。

（→20ページも見てね）

記録用のカメラやビデオカメラ

タブレットなども活用できるよ。

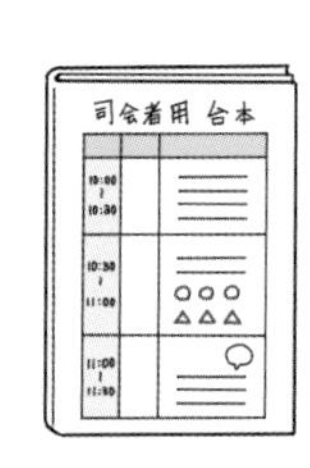

司会者用の台本

スムーズに進行できるよう作っておこう。

（→12ページも見てね）

めくり

発表しているコンビやトリオ名を書いた紙のこと。スケッチブックなどを使ってもよい。

出囃子用の音楽とそれを流す機材

出囃子とは、ネタを発表するコンビやトリオが登場するときにかける音楽のこと。あると場が盛り上がるよ。

かざりつけ用の材料

かざりを作り、会場をはなやかにして盛り上げよう。

出囃子が用意できないとき

音を出す機材が使えないときなど、出囃子がないときは、会場のお客さんのはくしゅやかけ声などで盛り上げることもできるよ。

お客さんを招待しよう

コミュニケーション力

お客さんをたくさんよぶと、発表会がもっと盛り上がるかもしれないね。先生や友だちだけでなく、たくさんの人を発表会に招待して、練習の成果を見てもらおう！

招待する人を決めよう

発表会の日時や会場の広さによって、招待できる人や人数はちがうよ。必ず先生と相談して、招待する人を決めよう。

校外学習などでお世話になった地域の人を招待してもいいね。

〔例〕クラスでの発表会のとき

- 学校の先生たち
- おうちの人

〔例〕学校全体での発表会のとき

- おうちの人
- 地域の人

ポスターや招待状を作って招待しよう

招待する人が決まったら、招待状を作ってわたそう。ポスターを作って、宣伝してもいいね。

第1回
教育漫才大会
場所 4年1組の教室
時間 6月23日(金)
9:00〜

教育漫才大会
ご招待状
日時
場所

招待状やポスターには、日時や場所、どんなことを発表するかなど、案内する文章を書こう。

良かったら来てください！

発表で気をつけること①

プレゼンテーション力

いよいよ本番！　その前に、舞台でネタを発表するときの大切なポイントを紹介するよ。

立ち方

基本的には、体はお客さんの方向に向けて、しっかり立とう。だらしない立ち方だと、声も出しにくいよ。

マイクの位置

マイクを使うときは、ネタを始める前にちょうどよい高さにセットしよう。身長が低い方のあごくらいの高さがおすすめだよ。

テンポや間の取り方

舞台の上では緊張して、早口になってしまうことが多いよ。練習してきた通り、落ち着いて話すことを心がけよう。

立ち位置

舞台の真ん中、印をつけたところに立とう。相方とはなれすぎないように気をつけてね。

目線

お客さんの方へ目線を向けよう。また、たまに相方とアイコンタクト（目で合図を送りあうこと）をしながら発表できると、より息の合った発表ができるよ。

声の大きさ

会場の広さに合った声の大きさを意識しよう。どのくらいの大きさで話せばお客さんが聞きやすいのか、事前に確かめておくと安心だよ。

ポイント

事前に、本番の会場で練習しておくと少し安心できるはず。そのときは、タブレットなどで自分たちのネタを撮影して、お客さんからはどんなふうに見えるのか確認しておくといいよ（1巻29ページも参考にしてみてね）。

マイクを使う場合でも、大きな声ではっきり話すのが基本だよ。マイクはあくまでも補助だと考えておこう。

できたらすごい！ もっと発表を盛り上げるためのテクニック

お客さんの反応を見ながら、発表しよう！

発表中にお客さんから大きな笑いが起きたとき、その笑い声と自分のセリフがかぶって聞こえづらくなると、もったいないね。そんなときは少し間をとってから次のセリフを言うなど、タイミングにも気をつけてみよう。

お客さんをまきこもう！

ネタの最初、つかみの部分でお客さんに声をかけるなどしてネタにまきこんでみよう。会場に一体感が生まれて、より盛り上がるよ（2巻24ページなども参考にしてね）。

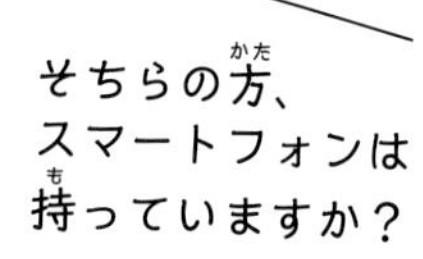

司会に協力してもらおう！

ネタ発表前のルール説明をネタ風にすると、一気に場が盛り上がって、温かい雰囲気のままネタ発表へとつなげやすいよ。

下の例は、実際に教育漫才の発表会でおこなわれた、ネタ風の注意事項を参考にしているよ。

全員：はい、どうも、わたしたち４人で「注意」です。

A　：今日は、みなさんが教育漫才をどうやって見たらいいかわからないということで、特別に教えちゃいたいと思います。ちょっと手伝って。

C・D：は〜い！（体育座りで漫才師役に体を向ける）

B　：ひと組目のコンビは『注意』です。どうぞ。（Aといっしょに入場するふり）

A・B：はいどうも〜『注意』です。（ネタを発表するふり）ありがとうございます。

C・D：（はくしゅなし）

A　：やっぱり、はくしゅがないのは最高ですね。

B　：なんでやねん！　はくしゅがないと盛り上がらないですからね〜、もう１回。

A・B：はいどうも〜『注意』です。ありがとうございます。

C・D：（いつまでもはくしゅしている）

A　：やっぱり、はくしゅが長いといいですよね。

B　：なんでやねん！　はくしゅが長いとネタに集中できませんし、ほかのお客さんも集中できないよ。もう１回。

A・B：はいどうも〜『注意』です。ありがとうございます。

C・D：（しゃべり続ける）

A　：今日もにぎやかで、すばらしいですね〜！

B　：いや、うるさいよ！　ネタが聞こえないし、ほかの人にもめいわくだよね。もう１回。

このあともネタ風に注意事項を伝える。

発表で気をつけること②

論理的思考力

発表会の準備中や当日、気をつけておきたいことを紹介するよ。
しっかり確認して、発表会を大成功させよう！

発表前にネタを見直そう

教育漫才で目指すのは温かい笑いだよ。お客さんにはいろいろな立場の人がいるはず。だから、発表会の準備期間中に、だれかを傷つけてしまうようなネタになっていないかをもう一度見直しておこう。

見直しておきたい点

- どんな人にも伝わるネタになっているか。
- このネタでいやな気持ちになる人がいないか。

リハーサルで流れを確認しておこう

当日あわてないように、事前にリハーサルをしておこう。ネタの発表者、司会者、音響係、照明係などと協力して、リハーサルで本番の流れを確認し、うまくいかなかったところの改善策を話し合っておこう。自信をもって本番をむかえられるよ。

確認することの例

- 全体の流れ
- 登場の仕方
- 出囃子をかける、止めるタイミング
- 出囃子やマイクの音量
- ネタが終わったあとの退場の仕方
- 照明で明るくする、暗くするタイミング
- 予定時間で終えられるかどうか
- 足りない道具がないか

ピンチのときの対処法を確認しておこう

本番では、ネタをわすれたりまちがえたりなど、失敗しちゃうことがあるかもしれないね。そんなときには、どうするかをコンビ・トリオで話し合って、本番前に確認しておこう（2巻25ページも参考にしてね）。

動画を勝手にSNSにアップしないようにしよう

ネタの練習中や本番で、ネタ発表の様子を写真や動画で記録したものは、勝手にSNS*などにアップしてはいけないよ。どうしてもアップしたいときは、先生や映っている人に必ず確認するようにしよう。

＊SNS…ソーシャルネットワーキングサービスの略で、インターネット上のコミュニティサイトのこと。

みんなで協力するのをわすれずに！

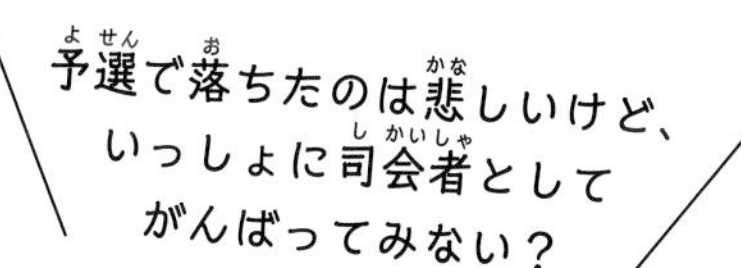

もし、予選大会に落ちるなどして、ネタの発表者にえらばれなかったら、落ちこんでしまうかもしれないけれど、気持ちを切りかえて、ほかに自分のできる役割がないかを考えよう。
司会や音響、照明などの役割や、お客さんとして場を盛り上げるのも、ネタの発表と同じように大事なこと。発表者にえらばれたコンビやトリオが練習するときにアドバイスをおくるなどして協力することもできるよね。
一人ひとりができることをして、温かい笑いを作っていくということを心がけよう。

最後まで、みんなで温かい笑いを
作るという気持ちをわすれずにね！

発表会をふり返ろう

発表をやって終わり、にするのはもったいない！
発表が終わったら、学校のみんなや来てくれたお客さんに感想を聞いてみよう。

その場で聞き合う

ネタ発表が終わったら、その場で感想を聞こう。そのとき、「良かったところ」や「もっと良くなるところ」などを聞くようにしよう（1巻31ページも参考にしてみてね）。

ポイント

「どこが」「どのように」おもしろかったのか具体的に聞いたり、伝えたりできると、より相手に伝わりやすくなって、教育漫才以外の学びにもつながるよ。

感想用紙やアンケートで聞く

事前に紙を配っておいて、感想を書いてもらおう。タブレットを使ってもOK。集まった感想は、あとで共有することで、今後の学校活動などに活かせるかもしれないよ。

●感想用紙やアンケートの例

第１回教育漫才大会アンケート

名前（　　　　）

いちばん印象に残った
コンビやトリオはどこですか？

印象に残ったのはなぜですか？

これお約束！

感想や意見を言うときには、伝え方にくふうが必要だよ。まずは、良かったところを伝えるようにしよう。そのあと、「おもしろくなかった」などではなく、「こうすればもっと良くなるかも」と思いやりのある言葉での伝え方を考えてみよう。

全体をふり返ってみよう！

発表会まで終えたあとは、教育漫才を通してこれまで学んだことをふり返ってみよう。自分自身で考えたことや思ったことを、相方やクラスの人など協力してきたみんなと共有することで、より学びが深まるよ。

ふり返りのポイント

発表について

声の大きさや話すスピード、目線、動きでの表現など、相手に伝えることを意識して発表ができたか。

ネタについて

みんなに伝わる内容のネタだったか、意図したところで笑わせることができたか。

変わったと思うところ

教育漫才をやる前と終えたあとで、自分自身に変わったと思うところはあるか。最初に決めた目標は達成できたか。

ほかの人の発表について

ほかのコンビやトリオのネタはどうだったか、良かったところなどを言葉で説明できたか。

取り組む態度

チーム結成から発表まで、みんなと協力しながら取り組むことができたか。

良かったところ・良くなかったところ

教育漫才に取り組んで良かったこと、その理由、反対に良くなかったことも理由といっしょに話し合ってみよう。

教育漫才で学んだことを活用しよう！

教育漫才で学んだことは、ふだんの生活に役立つことばかりだよ。
教育漫才でレベルアップした自分の力を、どんどん発揮していこう！

発表やプレゼンテーションのとき

ネタ発表の練習で、発表のコツやポイントを学んだよね。授業での発表や学習発表会などの場でも、声の大きさや目線など気をつけることを意識してみよう。

なにかに興味をもったとき

ネタ作りのために、いろいろな情報収集をしたよね。教育漫才が終わっても、ふだんからさまざまなことに目を向け、おもしろいと思ったことは調べたり観察したりしてみよう。そうすると、もっともっと視野が広がっていくよ。

友だちとのコミュニケーションのとき

ネタ作りやアドバイスをおくり合うときに学んだ、意見の伝え方などをふだんのコミュニケーションの場でも使ってみよう。そうすれば、どんどん温かいクラスや学校になっていくはずだよ。

グループ活動をするとき

教育漫才で、ふだんあまり関わりのなかった人の新たな一面を知ったり、協力することのおもしろさを知ったりできたはず。学校生活でもグループ活動をするときに、まだ親しくない人と組んで協力してみると、友だちが増えていくよ。

授業で文章を書くとき

作文や感想文など、国語や社会の授業で文章を書くことがあるよね。ネタ作りのときに学んだ表現の仕方や文章構成の仕方を思い出してみよう。三段落ちの型(→1巻24ページ)をアレンジして、文章を考えてみるのもいいね。

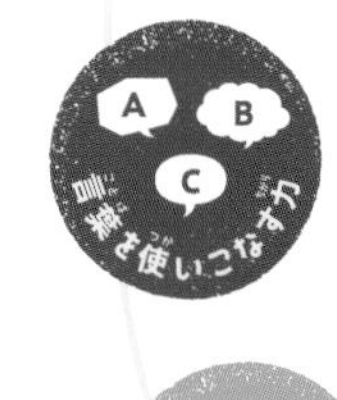

教育漫才リレーをやってみよう！

クラスのみんなで教育漫才に取り組んでいるときなど、たくさんのコンビ・トリオがいるときは、リレーのように順番で漫才をしていく教育漫才リレーに挑戦してみよう！

ルール❶ 持ち時間は１分

ひと組のネタの発表時間は１分を厳守しよう。ネタを作るときは、時間内で発表できるか、計りながら練習しておこう。

ルール❷ 目標は「ひとネタひと笑い」

時間が限られている分、ネタをたくさんふくらませるのはむずかしい。そのため、１分のうちにひと笑いをとれるように考えてみよう。

ポイント

「たくさん笑いをとるのはむずかしそう……」と思っている人でも、ひと笑いだと挑戦しやすいね。もちろん１分以内であれば、たくさん笑いをとれるようにくふうしてもOKだよ。

ルール❸ ネタが終わったら次の組へバトンタッチ

１分以内で発表を終えたら、すぐに次の組の発表へ移ろう。リレーのように順番にネタを発表していくよ。

教育漫才リレーでは、一度にたくさんの組が発表できるので、みんなが活やくできるチャンスになるよ！ また、組数によっては、朝の会や帰りの会、休み時間などの10～15分でも取り組みやすいんだ。チーム戦にしても盛り上がるよ。

チーム戦の流れ

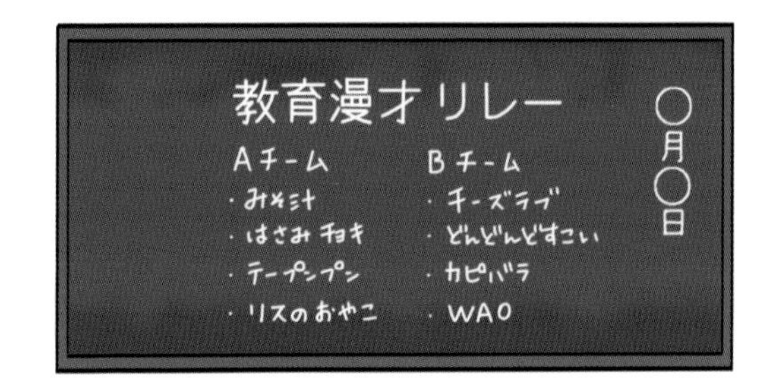

❶チーム分けをする

コンビ・トリオの組をいくつかのチームにわける。

〔例〕 ● 全部で16組いるとき → 各8コンビの2チーム
● 全部で20組いるとき → 各3コンビと2トリオの4チーム　など。

❷順番を決める

まず、チームでネタ発表の順番を決めておく。そのあと、どちらのチームから発表するか決める。くじ引きや、話し合いなどで決めてもよい。

❸チームごとに発表する

1チーム目の最初のコンビ・トリオが発表を始める。そのチームの残りのコンビ・トリオは、すぐにネタ発表に移れるように、待機しておく。このとき、ほかのチームは観客になる。

❹最初のチームの2組目へ発表を交代する

最初のコンビ・トリオの発表が終わったら、次のコンビ・トリオの発表に移る。同じように、ネタ発表をくり返していく。チームのすべてのネタ発表が終わったら、次のチームのネタ発表へと交代する。

ポイント

ネタ発表中は、ほかのチームのひとりがストップウォッチなどで時間を計り、1分経ったら教えるようにしよう。もし、1分の間にネタが終えられなくて、途中でも次のチームに交代しよう。

教育漫才に取り組んだ学校を見てみよう

田畑栄一先生

教育漫才は、わたしが実際に小学校で取り組んでいた活動で、今では全国にどんどん広まっているよ。教育漫才に取り組んだ子どもたちや学校には、いろいろな良い変化が見られたんだ。その様子を少し紹介するね。

1 教育漫才の始まり

教育漫才は、埼玉県の小学校の校長先生だった田畑栄一先生が始めた取り組みです。田畑先生は、「いじめ」や「不登校」のない学校を目指して、子どもたちのコミュニケーション力を高める方法を考える中で、「漫才」を取り入れた活動を思いつきました。

2 まずは……ルールの確認から！

テレビなどで見る「漫才」では、相手をいじったり、少しきつい言葉を使ったりして、笑いをとることがあります。ただし、それはプロの芸人さんだからできる技でもあります。そのため、教育漫才では絶対に守るべきルールをふたつ設定しました。

教育漫才は、必ず、言葉やコミュニケーションについてのルールをみんなで確認することから始まります。

学校で漫才するの～!?

3 くじ引きでの相方探し

ルールを確認したら、次はコンビやトリオのチーム決めです。原則としてくじ引きによって、相方を決めます。

くじ引きでは、ふだん、あまり話したことのない人とコンビやトリオを組むことも多くあるため、最初はぎこちないチームもあります。とくに、男女でコンビになった子たちは話しづらそうにしていました。しかし、ネタ作りや練習に取り組む中で、みんなどんどん打ちとけていく様子が見られました。

ネタ作りに挑戦

ネタは、教育漫才の基本の型である「三段落ち」が作れるワークシートを配り、それを元に作っていきます。そうすることで、1年生から6年生まで、どの学年でもネタ作りに挑戦することができるのです（1巻26-27ページでもワークシートを紹介しているよ）。

練習

ネタができたらそれを何度も練習します。このとき、ふたつのチームできょうだいペアを作り、おたがいのチームのネタを見せてアドバイスをおくり合うようにしました。それぞれのチームが、相手を気づかう気持ちをもってアドバイスすることで、活動は温かい空気感で盛り上がり、ネタの完成度も高まっていきます。練習は自分の教室だけでなく、ろうかや空き教室、校長室など、さまざまな場所を活用しておこないました。

6 クラス大会

全校での教育漫才大会に向けて、まずはその出場者を決めるためのクラス大会をおこないました。クラス大会では、すべてのコンビやトリオの発表のあと、投票によって代表をえらびます。代表になれず、残念がる子もいましたが、気持ちを切りかえて、代表チームを応援する様子が見られました。

 全校大会

いよいよ全校での教育漫才大会の本番です。最初は低学年のブロックから発表し、中学年ブロック、高学年ブロックへと進行していきました。学年によって、ネタのちがいや工夫が見られ、どのコンビやトリオの発表でも会場全体が温かい笑いに包まれました。

みんなおもしろかった！

パチ パチ パチ

子どもたちが作ったネタを見てみよう！

教育漫才大会で実際に発表されたネタの一部を紹介します。

ももたろーずのネタ（4年生のトリオ）

3人：はい、どうもー。ももたろーずです。
A：ももたろうの話しようよ。
B：いいよ。
A：むかし、むかし、あるところに
おじいさんと、おばあさんがいました。
B：あ～、おじいさんとおばあさんね。
A：おじいさんは、山にしばかりに、
おばあさんは、ゲームセンターに行きました。
C：いや、働けよ！
B：おばあさんは、川に洗たくに行ったんだよ。
A：川で洗たくをしていたら、
大きな桃が流れてきました。
B：なにが入っていたの？
A：とってもかわいくてさ～。
C：うんうん。
A：ピカピカのさ～。
B：えっ？　なに？
A：○○（人気芸人の名前）が入って
いたんだよ～。
B：いや、ちがうよ！　ももたろうだよ。
A：あ、そっか。そして、ももたろうは、
仲間の……。
B：ちょっと待って、そこわたしが言いたい。
A：いいよ。
B：ももたろうは仲間の、犬と
A：あ～、犬ね。
B：さると～、
A：あ～さるね。
B：あと、きじ！
A：あ～ひじね（ひじを指さして）
C：いや、ちがうよ。
A：ちなみにここは、ひざ。
B：まあ、たしかにそうだけど、知ってるから。
あと、ひじじゃなくて、きじ！
A：そして、ももたろうと仲間たちは……
じいさんを倒しに行きました。
えいっ！　やあー！
B：ちょっとまって、おじいさん倒して
どうするの！　おに倒してきてよ。
A：あっ！　あそこに、おにがいた！　えいっ！
B：ちょっと待って。それ、おばあさん。
A：あ、やっちゃった……。
B：おばあさんは家族だから……
もう、おじいさんにおこられるよ！
A：まじか……。
B：ももたろうの話をしてたら、おなか
すいてきたから、きびだんご作ってよ。
A：いいよー。はい！
C：ありがとう！
B：なにこれ、おいしそう！
いただきまーす！　なにこれっ。
ちょっとしゃりしゃりしてる。しかも、
にがっ！　ちょっと待って、これなに？
A：え？　どろだんごですけど……
B：えっ、待って……
どろだんご、食べちゃったじゃん！
C：もう、いいよ！
3人：どうもありがとうございました。

このネタは、第1回教育漫才大会でグランプリを
とったトリオのネタだよ。みんなが知っている
昔話を使って、笑いを生み出しているね。

教育漫才に取り組んだあと

大会後、教育漫才に取り組んだ１～６年生の子どもたちに取ったアンケートの結果を紹介します。教育漫才に取り組んで良かったという声が多く見られました。

教育漫才をやって良かったですか？

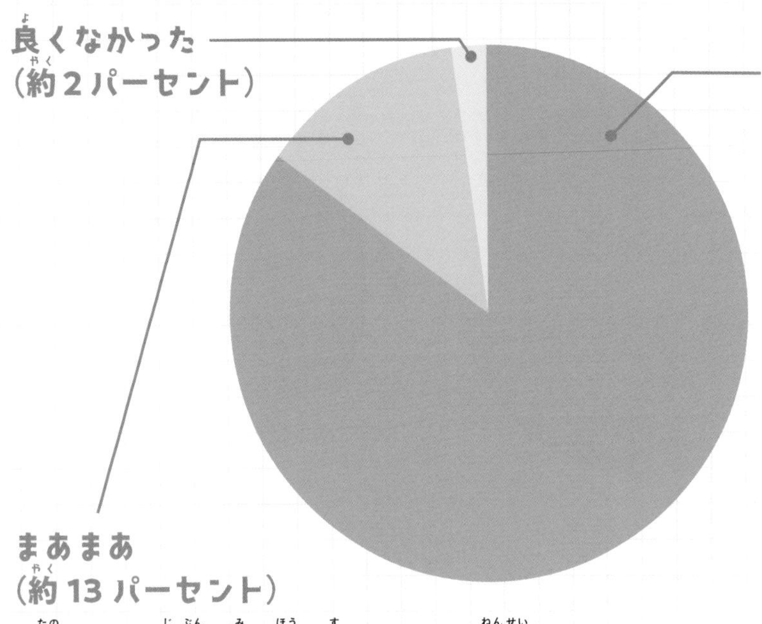

良くなかった（約２パーセント）

良かった（約 85 パーセント）

- ペアと仲良くなれて良かった（１年生）
- みんながあったかくなったら気持ちがいいから（２年生）
- あまり話さない子とよくしゃべれた（２年生）
- 言葉に気をつけながらやると勉強になったから（４年生）
- 練習も本番も楽しかった（５年生）
- みんなと温かいコミュニケーションがとれたから（６年生）
- 友だちとの関係が深まったし、意外な一面がわかったから（６年生）

まあまあ（約 13 パーセント）

- 楽しいけど自分は見る方が好きだから（４年生）
- 優勝できなくてくやしかった（１年生）

また教育漫才をやってみたいですか？

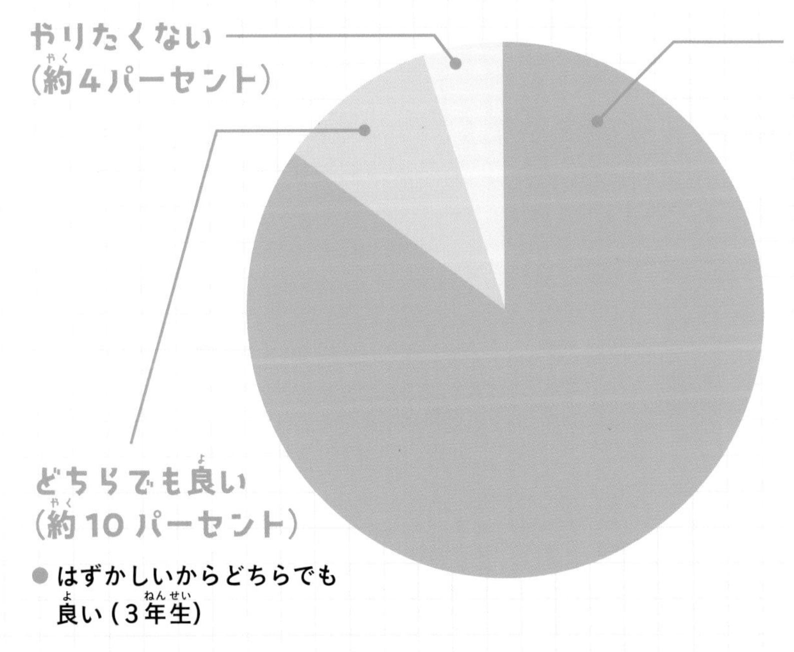

やりたくない（約４パーセント）

やりたい（約 86 パーセント）

- 練習をしていたら、もっとやるパワーがでてきたし、次は１番になりたい（１年生）
- 教育漫才をやれば、この小学校もずっと笑顔になれるからです（３年生）
- 次こそクラス代表になって大会に出たいから（４年生）
- みんなとの仲をもっと深めたいから（５年生）
- 次の相方が、だれになるのか楽しみだから（６年生）
- 新しいペアになり、また新しい自分が発見できるから（６年生）

どちらでも良い（約 10 パーセント）

- はずかしいからどちらでも良い（３年生）

また、教育漫才の取り組みを始めてからは、ふだんの学校生活でも、子どもたちの様子に変化が見られました。

「学校が楽しいですか？」に対する答え

ある学校の平成26年度のアンケートでは、「学校が楽しいですか？」という問いに対して、85.7%の子どもたちが「はい」と答えました。しかし、教育漫才に取り組んだあと、平成28年度のアンケートでは、「はい」と答えた子どもが94.4%に増加したのです。

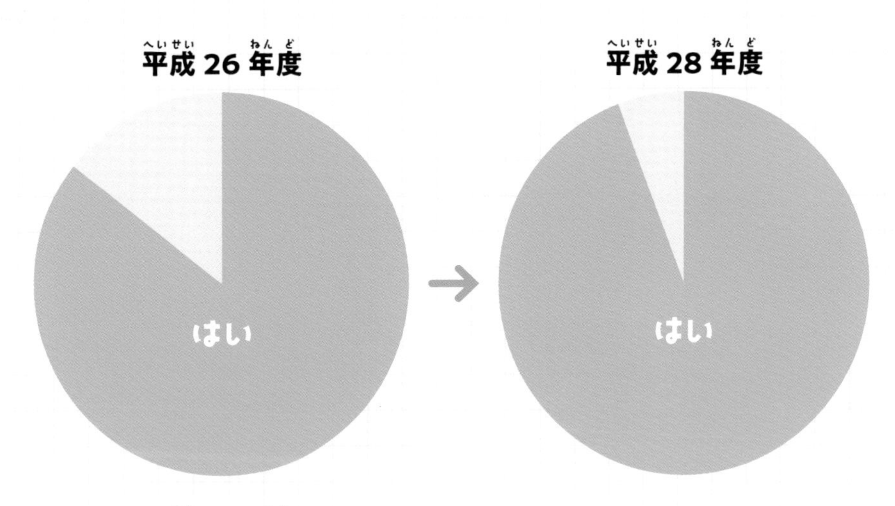

「はい」と答えた人　85.7パーセント→94.4パーセント

「授業で進んで発言できますか？」に対する答え

また、同じく平成26年度のアンケートでは、「授業で進んで発言できますか？」という問いに対して、「はい」と答えた子どもは69.2%でした。平成28年度のアンケートでは、「はい」と答えた子どもが84.4%になり、教育漫才に取り組んだあとは、自ら意見を言うようになった子どもが増えたという結果が出ました。

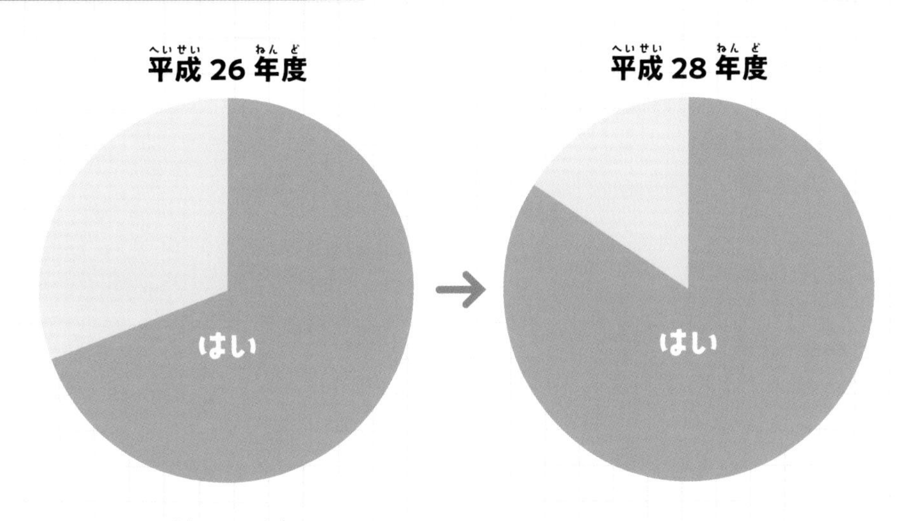

「はい」と答えた人　69.2パーセント→84.4パーセント

教育漫才で、クラスや学校全体の雰囲気が温かくなったおかげだね！

教育漫才後のみんなの声

ここでは、教育漫才に取り組んだ子どもたちの感想やさまざまな声を紹介します。

自分が成長したと思います。理由は、人の前で話したりすることが苦手だった自分が、今は自分で、思っていることを、表現して、学校の授業でも自信をもって発表をすることができるようになったからです。

（中略）

言葉、一つひとつで、相手への伝わり方もちがってくるので、大切にしたいとわたしは思いました。

教育漫才大会の一番いいところは、全員が笑顔になることです。まちがえても、それが笑いになるので大丈夫です。

はじめは、だれとペアを組むのかどきどきしたけど、練習したら、がんばるぞと思った。漫才大会はすごく楽しかったです。

（ペアになった子とは）最初はあまり話す機会はありませんでしたが、ネタを考えているうちに相手について知ることができました。この教育漫才を通じて、ふだんはあまり関わらない人とも、いっしょに笑うことも多くなっていきました。中学生になっても、より良い人間関係を築いていきたいです。

笑った1時間でポカポカ学校になったから。

これからも、温かい笑いを目指して漫才をやっていきたいです。

前より（５年生のときより）発表回数が
増えたと思います。だからその発表の
ときに、大きくはきはきした声で
しゃべることを意識したいです。

この授業で身につけたことは、まず１番目の
ねらいであった『コミュニケーション力』です。
ネタを作成しているときに、相方と話しながら
作り、ああじゃないか、こうじゃないかと、
自然に会話が生まれるようになり、そこから、
コミュニケーション力がついたと思います。
そして、コミュニケーションをとることで、会話が
増え、元々仲が良かったふたりでしたが、さらに仲が
深まりました。このような積み重ねが、学校全体を
明るくし、いじめの減少になっていると思います。

クラスの友だちと漫才を組んで、
たくさんいいところを見つける
ことができました。

先生たちの声

- 教育漫才に慣れてきて、
コミュニケーション能力は相当伸びている。
- 声の大きさを意識できる子どもが増えた。
- いじめをなくそうとする意識が高まった。
- 子どもたちの中に、おおらかさが広まりつつある。

おうちの人の声

- 子どもが自分から表現したり、意欲的になったり、わたしの
子どもと思えないほどたくましく成長して喜びいっぱいです。
- 毎日楽しそうに家で漫才の練習をして、ペアの１年生に
どう伝えようかを真剣に考えていて、校長先生が話していた
「コミュニケーション力」「お互いを認め合うこと」「創造力」
全てが学べていると感じました。

みんな、それぞれの形で教育漫才を楽しめた
みたいだね。君もぜひ教育漫才に挑戦して、
クラスや学校に温かい笑いを広げていこう！

先生方へ

本書の 32 ～ 33 ページで取り上げた以外にも、教育漫才に取り組んだ子どもたちやその保護者から得られたさまざまな声を元に、教育漫才の効果や、教育漫才によってどのような変化があったのかを紹介します。

表現力の向上 ～子どもからの声①～

小学校で教育漫才に取り組んだある児童が中学校に進学後、英語スピーチコンテストにて「温かいコミュニケーション」というタイトルで、発表をおこないました。学校がきらいで、登校したくなく、毎朝大泣きしていた。しかし、田畑校長先生と出会い、温かいコミュニケーションを教えてもらった、という内容です。下記に、スピーチの一部を紹介します。

わたしを支えてくれたすべての人、とくに小学校の校長先生に感謝しています。先生は、「温かいコミュニケーション」という、とても大切なことを教えてくれました。だから、わたしは英語の力も使って、「温かいコミュニケーション」を世界中に広げていきたいと思っています。

Warm Communication

"I don't want to go to school!" "But, you have to!" "No, I hate school!"
This is the story of a child who didn't want to go to school.
Every morning, she cried a lot. Her mom tried very hard to get her to school, and the teachers tried to convince her to go inside, but she still refused. First, one teacher came out, and the next time, two teachers, then three, then four, then finally five teachers all came outside to bring her into the school. They even had to lift her up, and carry her in! Of course, she didn't like this one bit.
The teachers were frustrated. They couldn't understand what was wrong.

You might have guessed, this student was actually me, . This is my story.
I had been a bit strange since I was born. I always wanted to know the reason before doing something.
Other children followed the instructions without asking, but I didn't.
My homeroom teacher always scolded me, "Why can't you just be normal like everyone else?"

One year later, a new principal came to my school. He was very friendly and totally different from the other teachers. He believed in "warm communication". Here's an example. One Monday morning at the school gate, I refused to enter the gate as usual. The principal talked to me with a smile.
"Did you enjoy your weekend?" "Yes! I fell into the pond." "What a good memory!"
"My dad fell into the pond, too." "What a nice dad!" "No! He is strange." "I'm strange, too."
"My dad is stranger than you." "You know, strange is a good thing. Strange means unique and attractive." I thought about it, "Strange is a good thing…It's amazing." After I met the principal various things changed in a good way, but new problems came one after another.

In fourth grade, I made a really good friend, let's call her . She was very nice and helped me a lot. But she started ignoring me little by little. One day, she stopped talking to me completely.
I didn't know why. A teacher told me. Yume was being teased by some classmates because she was friends with me. I was shocked. That made me feel sad and lonely, and I felt bad for , too.

Two years passed. Just before becoming a junior high school student, I made these three plans.
1.Go to the classroom earlier than anyone, and say "Good morning" to everyone.
2. Study harder than anyone else. 3. Become a leader of a school club. I worked hard to achieve these goals. Then my classmates came to talk to me. I was able to communicate with many people.
But still I was afraid, I worried I might hurt someone again like I hurt Yume.

One day, a friend said to me, "You're doing really well. So you should be more positive and proud of yourself." This encouraged me. Yes! I will have more confidence.
I thought this was also "warm communication".

I'm grateful to all the people who have supported me, especially my elementary school principal. He taught me a very important thing, "warm communication". I would like to spread "warm communication" all over the world using the power of English. I believe I can do it. Thank you.

この児童は、なかなか学校になじめずに過ごしていました。しかし、教育漫才で自分を表現できるようになり、さまざまな変化が見られたのです。教育漫才では、言葉のやり取りの仕方を学びます。そこからコミュニケーションや表現の仕方を知り、笑いを通じて温かな人間関係を作っていくことで、学校を明るく安心してすごせる空気にしてくれるのです。

学級、学校の変化 ～子どもからの声②～

教育漫才は、コミュニケーション力や表現力など、さまざまな学びを得るツールとしておこなわれる取り組みですが、子どもたちの「思い出作り」も担っています。

ある年の６年生が卒業文集で、「一番心に残っていること」として、教育漫才のことを書いています。その一部を紹介します。

私は、六年間で一番思い出に残っているのは、教育漫才をした最後の一年間です。今年は、コロナで家に居る時間の方が長く、行事などのことがあまりできずに悔しかったけど、自分たちが考えたことや五年間でやったことがないことができて、嬉しかったです。その中でも特に漫才が心に残っています。
（中略）
中学校に行っても、コミュニケーション能力を上げるために、初めて会う人とも関わることができるように、漫才で学んだことを生かして、中学校でも生活していこうと思います。漫才をやって、できることが増えたので、この調子でもっと増やそうと思います。（原文ママ）

その年は、新型コロナウイルス感染症の影響で、普段の生活だけでなく、行事の中止など、学校生活にもさまざまな影響がありました。しかし、この児童は、教育漫才に取り組んだ１年が、これまでの 12 年間の人生の中で最も楽しかったと言ってくれました。

この児童のほかにも、卒業文集で楽しかった思い出として、教育漫才のことを書く児童が多くいました。それだけ、教育漫才が子どもたちの心に残る取り組みだということがわかります。教育漫才を通して、クラスの人間関係が広がったことで、普段の学校生活もより楽しくすごすことができたと考えられます。

一番思い出に残っていること

私は、六年間で一番思い出に残っているのは、教育漫才をした最後の一年間です。今年は、コロナで家に居る時間の方が長く、行事などのことがあまりできずに悔しかったけど、自分達が考えたことや五年間でやったことがないことができて、嬉しかったです。
その中でも、特に漫才が心に残っています。漫才は、最初はずかしかったりして、やりたくなかったけど、今になるとやってよかったと思っています。三回コンビ・トリオを作ってネタや動きを考え、全部楽しくてファイナルにも出場できたし、漫才に興味が無かった私でもこんなに楽しいと思えたのは、先生達のおかげなんだと思いました。声量も五年生の時より大きくなった気もするし、発表回数も上がって、一年間があっという間に感じました。ネタ作りもふくめて、漫才に取り組めたことが本当によかったと思います。漫才のおかげで、ふだんあまり関わらない人とも関われたので五年生の時よりできることが増えたのでよかったと思います。
他にも、漫才やアナウンサー教室などの新しいこと、いつもと違う形でやった一年生を迎える会など、五年生までとは違うことができた最後の一年が一番思い出に残りました。
中学校に行っても、コミュニケーション能力を上げるために、初めて会う人とも関わることができるように、漫才で学んだことを生かして、中学校でも生活していこうと思います。
漫才をやって、できることが増えたので、この調子でもっと増やそうと思います。

保護者アンケート結果より

ある年の学校評価アンケートでは、「教育漫才は、コミュニケーション能力や人間関係作りに効果があるか」の項目で、「はい・だいたい」との回答が 96.7%にもなり、ほとんどの保護者が教育漫才の教育効果を実感していることがわかりました。とくに「はい」と答えた人は 70%以上にもなりました。また、ある年の6年生の保護者は、「子どもが自分から表現したり、意欲的になったり、わたしの子どもと思えないほどたくましく成長して喜びいっぱいです」と語りました。このように、保護者も子どもたちや学校の変化、教育漫才の成果を感じています。

地域との連携

学習指導要領では、学校と地域の連携が推奨されていますが、教育漫才は地域を巻き込む場としても効果的であると考えられます。学校全体での発表会に地域の方を招待して、教育漫才を披露することで、温かい笑いを通じた地域とのつながりが生まれます。また、敬老会や地区センターからの出演依頼があり、学校を飛び出して、地域で児童の教育漫才発表の場を設けるなど、多くの反響を得ている例もあります。教育漫才を通して、地域に温かい笑いを届けることができ、学校と地域が支え合う関係を強化することができるのです。

教育漫才の広がりを目指して

このように、教育漫才は、子どもたちだけでなく、学級、学校全体までも変えていく力があると考えられます。そして、この教育的効果が注目され、教育漫才に取り組む学校が増えてきています。このシリーズでは、教育漫才の方法や授業の組み立て方を説明しましたが、これは一例です。例えば、総合的な学習の時間を使い、学級や学校の実態に合わせて取り組めば、各学校の特色のある教育活動にすることができるでしょう。

ぜひ、子どもたちの笑顔があふれる学校を目指して、教育漫才にチャレンジしてみてください。

監修 田畑栄一（たばた えいいち）

秋田県大館市出身。中学校国語教師、埼玉県の指導主事を経て、平成25年4月より令和5年3月まで小学校の校長を務めた。平成29年に第66回読売教育賞優秀賞受賞。平成27年よりコミュニケーション能力の育成や、いじめ、不登校の予防教育などに向けた取り組みとして「教育漫才」を発案、実践を始め、NHKなど多くのメディアに取り上げられている。現在は一般社団法人「Laughter（ラクター）」に所属し、講演活動や研修会講師のほか、こしがやFM86.8MHzでラジオ番組「タバティの絶好調」の教育パーソナリティーとして出演。教育に関する執筆活動も行っている。著書に『教育漫才で、子どもたちが変わる―笑う学校には福来る―』（協同出版）、『クラスが笑いに包まれる！小学校教育漫才テクニック30』（東洋館出版社）。

装丁・本文デザイン	黒羽拓明
イラスト	さゆ吉
校正	村井みちよ
編集・制作	株式会社KANADEL

教育漫才のススメ
③教育漫才をタメセ！ ～実践編～

2024年 2月　初版第1刷発行

発行者　吉川隆樹
発行所　株式会社フレーベル館
〒113-8611 東京都文京区本駒込6-14-9
電話　営業03-5395-6613
編集03-5395-6605
振替　00190-2-19640
印刷所　TOPPAN株式会社

フレーベル館出版サイト　https://book.froebel-kan.co.jp
乱丁・落丁本はおとりかえいたします。
ISBN978-4-577-05197-9
36P ／ 29×22cm ／ NDC371

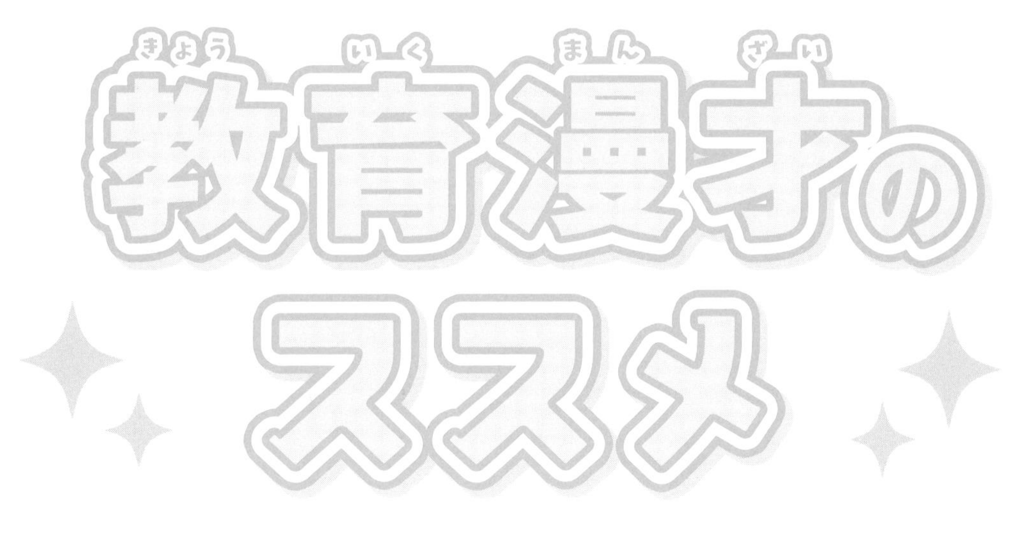

❶ 教育漫才をマナベ！ ～基本編～

❷ 教育漫才をミガケ！ ～応用編～

❸ 教育漫才をタメセ！ ～実践編～